24 histoires du Père Noël

Couverture illustrée par Coralie Vallageas

ISBN 978-2-244-41887-2

www.editionslito.com

Lito 41, rue de Verdun 94500 Champigny-sur-Marne
Imprimé en UE
Loi n° 49-956 du 16 juillet 1949
sur les publications destinées à la jeunesse
Dépôt légal : juillet 2021

24 histoires du Père Noël

Editions Lito

Sommaire

L'arche de Noël

Cette année, le Père Noël est bien embêté : ses rennes ont attrapé la colique en mangeant des fleurs toxiques !

Le vétérinaire qui les examine est formel :

– Ils ne pourront pas reprendre le travail avant une semaine !

Mais demain, le Père Noël doit livrer ses cadeaux.

– Qui va tirer le traîneau ? s'inquiète-t-il.
Tout à coup, son visage s'illumine.
– Ça y est ! J'ai une idée !
Le Père Noël téléphone au journal local et, le lendemain, on peut lire dans les pages des petites annonces :

Cherche quatre rennes bien costauds
pour tirer le traîneau.
Se présenter au domicile du Père Noël.

Les animaux du zoo voisin aiment bien lire le journal…
Certains se disent : « Nous serions assez costauds pour tirer ce traîneau ! »
Ils décident d'aller en parler au directeur du zoo. Comme il n'y a pas beaucoup de visiteurs en hiver, il accepte de les laisser s'en aller.
– Cela vous fera du bien de vous dégourdir un peu les pattes !
Et les voilà partis ! L'éléphant marche devant pour ouvrir le chemin dans la neige.

À midi, drelin, drelin ! Le Père Noël se lève.
– On a sonné ! Ce sont sûrement les rennes que j'attends !
Mais il a une bien drôle de surprise en ouvrant la porte.
– Un éléphant !
Derrière l'éléphant, le Père Noël aperçoit la tête d'une girafe qui dépasse. Il avance alors de quelques pas, et découvre aussi un zèbre et un hippopotame.
Tous déclarent en chœur :
– Nous venons pour l'annonce !
Le Père Noël bredouille :
– Mais… mais… j'avais demandé des rennes !
L'éléphant bougonne, mécontent :
– Nous sommes aussi capables que des rennes !
Le Père Noël réfléchit.
– Après tout, pourquoi pas ? L'essentiel est de pouvoir livrer les cadeaux aux enfants !
Alors, le Père Noël rentre chez lui, met toutes les armoires sens dessus dessous et revient avec des bonnets et des cache-nez pour tout le monde. Le zèbre est content de trouver un cache-nez rayé.
– Il est parfait !

L’éléphant prend le bonnet le plus grand.
– J’arrive tout juste à mettre mes grandes oreilles dedans !
L’hippopotame choisit un bonnet à pompon.
– Vous avez vu comme je suis mignon ?
La girafe, elle, a enroulé trois cache-nez autour de son long cou.
– Hummmm… C’est super-doux !

Ce soir, tout est prêt pour la grande tournée. Le Père Noël s’installe confortablement, puis il murmure la formule magique pour faire voler ses bêtes :
– Poudre d’étoiles et d’escampette !
Que l’esprit de la lune vous donne des ailes !
Tout le monde se sent devenir léger… léger… léger… et le traîneau, avec son drôle d’attelage, file dans le ciel.
On dirait l’arche de Noël !

Au lit, le Soleil !

Aujourd'hui, c'est Noël.
Les cadeaux, le traîneau,
les grelots, tout est prêt !
Le Père Noël n'attend plus que la nuit
pour filer sur la Voie lactée.
Soudain, une voix résonne dans le ciel :
– Pas question d'aller me coucher !
Le Soleil veut rester éveillé !
Mais s'il continue de briller,
la nuit de Noël ne tombera pas,
les enfants ne dormiront pas,
et le Père Noël ne fera pas sa tournée !
Catastrophe !

Aussitôt, tout le monde s'active !
Les pompiers déploient leur lance à incendie.
– Il n'y a qu'à l'arroser et à l'éteindre
pour la nuit !
Le général Grand-Chef ordonne :
– On doit lui envoyer l'armée ! Face
aux avions à réaction, il obéira, terrorisé !
Le président du pays promet :
– Mes chers concitoyens, je vais coudre
un rideau immense, monumental
et gigantesque, qui vous protégera
des rayons du Soleil !
Pourtant, quand le soir arrive,
le Soleil est toujours là-haut dans le ciel,
bien décidé à briller toute la nuit de Noël.
C'est alors que Jade, une petite fille, propose :
– Et si on parlait aux parents du Soleil ?
Ils pourraient lui raconter une histoire,
lui faire un gros câlin. Ensuite, ils lui diraient
qu'il est l'heure de dormir et ils lui
chuchoteraient « à demain »…
Les adultes échangent des regards surpris.
Les parents du Soleil ? Ils n'y avaient pas
pensé, alors que c'est évident !
Mais il y a un problème…
Le Soleil sanglote.
– Je n'ai pas de parents. Je suis bien trop gros
et bien trop brûlant. Qui voudrait de moi
comme enfant ?
– Ne t'inquiète pas, lui répond Jade,
même les géants ont des parents !
Je pars tout de suite chercher les tiens.

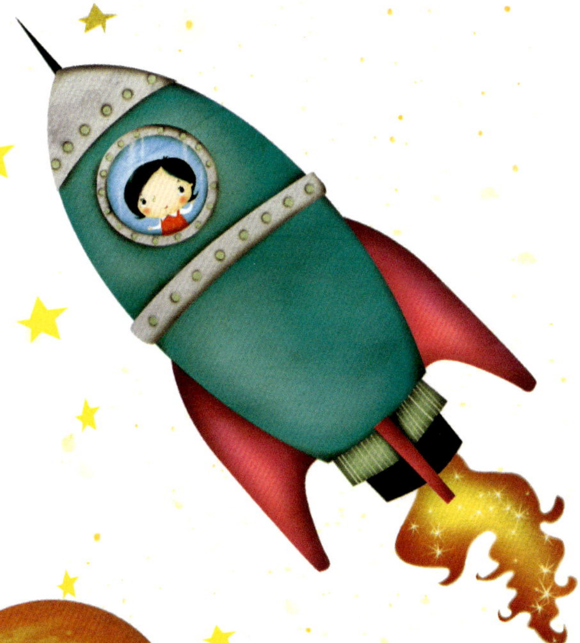

Sans attendre la permission du général Grand-Chef, Jade monte dans une fusée. Elle file plus vite que le vent ! Elle visite les planètes, une à une. Elle leur expose la tristesse du Soleil. Elle les écoute raconter comme il brille, comme il chauffe, comme il éclaire. Tout le monde en est fier !
Quand elle retourne sur Terre, elle annonce :
– J'ai réussi, le Soleil est adopté par Vénus et par Jupiter !
Alors, dans le ciel, on entend Vénus et Jupiter parler doucement à leur nouvel enfant :
– Viens, petit caillou de lumière, il est l'heure de dormir et de laisser la place à ta copine la Lune.
Et le Soleil rayonne…
– Oh, encore un câlin, encore un bisou, encore une histoire…
Ça y est, le Soleil est couché et il s'est endormi.
La nuit de Noël est enfin tombée.
Tiens, on entend les grelots !
C'est le Père Noël qui fait route sur la Voie lactée. En passant près du Soleil, il dépose un énorme cadeau, puis il repart… car la tournée ne fait que commencer.
– Joyeux Noël, Soleil ! Joyeux Noël à tous les enfants !

Trobo-le-Robot

Depuis que Léo a vu Trobo-le-Robot à la télévision, il ne pense plus qu'à lui. Il se répète encore et encore les mots de la publicité :

Trobo crache de l'eau, part au galop
et vole comme un oiseau.
Trobo-le-Robot : un cadeau rigolo.
Trobo-le-Robot : ton ami, ton héros.

Quand maman l'appelle pour prendre son bain, Léo imagine Trobo buvant l'eau de la baignoire et crachant partout comme un pistolet géant. Quand papa lui dit d'aller au lit, Léo se voit dans les bras de Trobo qui part au galop. Parfois même, Léo rêve que Trobo le prend sur son dos et s'envole dans le ciel tout là-haut.

Léo ne veut plus aller se promener au parc avec son copain Mattéo. Il refuse même de jouer à cache-cache avec son petit frère Enzo.
– Pas assez rigolo ! dit Léo. J'attends Trobo-le-Robot, mon ami, mon héros ! Bientôt, le Père Noël va me l'apporter.
Et il s'installe devant la télé pour ne pas manquer la publicité.

Enfin, c'est le soir de Noël. Léo est si impatient de jouer avec Trobo-le-Robot qu'il ne regarde même pas les autres cadeaux. Il reconnaît l'énorme boîte : c'est la maison spatiale de Trobo-le-Robot, son vaisseau très spécial.
– Aide-moi à l'ouvrir ! demande Léo à sa maman. Trobo doit s'ennuyer, là-dedans, il a envie de bouger, de galoper, de voler ! Peut-être qu'il va cracher un jet d'eau !
À l'intérieur de la grande boîte, il y en a une autre, plus petite, remplie de papier bulles. Léo ne prend même pas le temps de les éclater. Il retire encore des cartons et enfin, tout au fond, le voilà, c'est bien lui !

Léo reconnaît Trobo-le-Robot, celui
de la télévision.
C'est bien le même, mais en beaucoup
plus petit, tout raide et immobile, aussi.
Léo le soulève, le tourne dans tous les sens.
Il appuie sur le bouton rouge dans le dos
du robot, mais rien ne bouge.
– Montre-moi, dit papa. Oh ! là, là !
Je crois que le Père Noël a oublié les piles !
– Ce n'est pas grave ! Nous irons en acheter
demain, propose maman.
Léo a très envie de pleurer : son ami
le robot, son copain, son héros, tout ça,
c'était trop beau !

Tout à coup, quelque chose se met à bouger
dans le grand carton du petit robot
et il en sort une drôle de voix qui dit :
– Je suis Enzo-le-Robot ! Je crache de l'eau,
je pars au galop et je vole comme un oiseau.
C'est le petit frère de Léo qui s'est caché
dans la boîte de la maison spatiale,
le vaisseau très spécial de Trobo-le-Robot.
Il a mis le papier bulles sur son dos.
Comme il est rigolo !
Aussitôt, Léo le rejoint et ils se mettent
à jouer ensemble. La boîte devient tour
à tour un bateau, une maison et un avion
sous les yeux ronds de Trobo-le-Robot,
qui attend sagement ses piles, assis
sous le sapin de Noël.

La gourmandise du Père Noël

Le Père Noël était surexcité. Il allait d'une pièce à l'autre de sa maison, il ouvrait les placards, ouvrait les tiroirs, montait quatre à quatre les marches de l'escalier, puis les redescendait précipitamment.

– Mais où sont-ils… mais où sont-ils ? marmonnait-il.

Dehors, les lutins rassemblés autour du traîneau, qu'ils avaient chargé de milliers de cadeaux, commençaient à s'inquiéter.
Ils crièrent :
– Père Noël, vous allez être en retard !
Les rennes grattaient le sol, impatients de s'élancer dans la nuit étoilée pour le plus beau des voyages.
Enfin, le Père Noël surgit, un sachet dans une main.
– Qu'est-ce que c'est ? demanda un jeune lutin.
– Ce sont mes délices de choco-caramou ! Mmmm… c'est si bon ! s'exclama le Père Noël en caressant le sachet de bonbons.
Sans plus attendre, il en glissa un dans sa bouche.
– Un jour, votre gourmandise vous jouera un tour ! lui dit le lutin.
Le Père Noël riait en s'installant dans le traîneau.
Et hop ! les rennes s'élancèrent dans le ciel.

Le traîneau s'arrêtait au-dessus de chaque village. Le Père Noël se faufilait dans les cheminées pour déposer les cadeaux au pied de jolis sapins décorés.
La nuit était glaciale et, tout en frissonnant, ce gourmand de Père Noël plongeait régulièrement la main dans la poche de son manteau pour en retirer un délice de choco-caramou.
Le dernier village à visiter n'était plus très loin, lorsqu'un gémissement se fit entendre.

Arabesque, le renne qui conduisait l'attelage, s'agitait anormalement en balançant la tête. Le Père Noël comprit que sa bride s'était rompue. Il chercha dans le traîneau, fouilla dans sa hotte, mais ne trouva rien qui puisse l'aider à la réparer.
D'un geste machinal, il mit la main dans sa poche et sentit le dernier délice de choco-caramou. La solution était là, entre ses doigts ! Les yeux brillants du Père Noël ne pouvaient se détacher de sa gourmandise préférée. Il hésita… et se résolut finalement à recoller les deux bouts de la bride avec son délice de choco-caramou.
– Et voilà ! dit le Père Noël, satisfait. Ma gourmandise m'a finalement joué un tour… un tour de magie !

Il termina sa tournée, puis regagna sa maison juste avant que le jour se lève. Là, il se glissa dans son lit, posa sa tête sur l'oreiller et… trouva caché dessous un sachet de délices de choco-caramou ! Joyeux Noël, Père Noël !

Un cadeau pour Abou

Abou appelle ses chèvres.
Il est l'heure de rentrer.
Lorsque la nuit tombe, les lionnes se mettent à table, et elles ont faim !
Ce soir, Abou est un peu rêveur car, même si le soleil a chauffé très fort toute la journée, cette nuit, c'est la nuit de Noël.

– Dis, Sylla, tu crois que le Père Noël passera ?

– Pfff, tu as la tête comme une noix de coco, Abou ! Notre village est si petit que personne ne le connaît, pas même le facteur sur son scooter qui pète : il se trompe toujours de chemin !

Mais Abou rêve quand même… Il aimerait tant avoir un djembé rien que pour lui !

– Allez, Abou ! dit Sylla. On rentre ! Je vois déjà l'ombre de la lionne aux dents longues !

Tous les sens aux aguets, les deux enfants filent au milieu des hautes herbes sifflantes. Soudain, un bruit étrange parcourt la savane. Ce sont des petits cris.

– Ahhh, la lionne ! s'écrie Sylla en filant comme l'éclair se cacher derrière le tronc d'un baobab.

Abou s'approche. Ce n'est pas la lionne aux dents longues, mais un tout petit lionceau, encore moins grand que la plus petite de ses biquettes. Il s'est pris la patte dans une racine. Doucement, Abou s'approche.

– N'aie pas peur, Tuuti ! Il suffit de soulever ça et… te voilà libéré.

Le petit lionceau se secoue et sourit, alors Abou lui dit à l'oreille :

– Dis, toi qui files plus vite que le vent à travers la savane, si par hasard tu vois passer le Père Noël, tu lui demanderas de venir nous voir ?

Le lionceau s'étire et lui adresse un petit clin d'œil malicieux.

– Rrwoua… ça se pourrait bien, mwouais !

Il fait presque nuit, maintenant.
Sylla tire Abou par la main. Les chèvres, elles, trottent rapidement sur leurs petits sabots. Il leur faut encore passer sous l'acacia, et ils seront arrivés. Soudain…
– Zouit, zouit !
Abou connaît bien ce cri. C'est le petit singe Tictuc, qui fait mille cabrioles.
– Ah non, pas ce babouin ! s'énerve Sylla. La nuit va bientôt nous manger…
Mais Abou ne l'écoute pas.
– Salut, Tictuc !
– Zouit, zouit, répond son ami en lui montrant la papaye odorante qu'il a fait tomber au pied de l'arbre.
Abou sourit. Ce peureux de Tictuc ne veut pas descendre de sa branche. Abou ramasse la papaye. C'est vrai qu'elle sent bon !
– Tiens, Tictuc ! Et ne la fais plus tomber !
Le petit singe se suspend par la queue et fait deux pirouettes, puis il tend la moitié de son dessert à Abou, qui lui demande :
– Dis, toi qui grimpes jusqu'au ciel, si par hasard tu vois passer le Père Noël, tu lui demanderas de venir nous voir ?
Tictuc lui fait un clin d'œil.
– Zouit, zouit… ça se pourrait bien, mouaizzz !
Puis il disparaît vers la cime de l'arbre.

Abou retrouve ses chèvres à l'entrée
du village. Sylla a déjà disparu dans la case.
Pas étonnant, papa est là, debout,
et il tape du pied devant l'enclos.
Abou est très en retard !
– Dis, Abou, si tu traînes comme cela,
tu finiras dans la marmite du grand sorcier !
Abou se dépêche mais, en traversant la cour,
où les poules caquettent à tue-tête,
il s'aperçoit que Tiit, la poule blanche,
est triste : son petit a disparu.
Abou ne peut pas laisser le poussin dehors,
car c'est alors lui qui finirait dans la marmite
du grand sorcier ! Il se met à sa recherche.
Pas sous le seau… ni derrière le fromager !
Ah, le voilà ! Il était allé voir son ami Kut,
le dindon ! Abou l'attrape doucement
et le ramène à sa maman, à qui il demande :
– Dis, toi qui caquettes si fort, si par hasard
tu vois passer le Père Noël, au loin,
tu lui demanderas de venir nous voir ?
– Cot, cot… ça se pourrait bien, mooouais !

Abou se laisse enfin tomber sur sa natte.
Sa petite sœur, Sylla, dort déjà.
Maman chante doucement en finissant
de nettoyer les fèves pour le repas de Noël.
Les yeux pleins d'étoiles, Abou s'endort
à son tour.
Pendant son sommeil, ses trois amis
surveillent le ciel et, au petit matin,
à côté de son lit… une énorme surprise
l'attend !

Le cadeau invisible

Gagran est un géant.
Oh, pas de ceux qui détruisent les maisons et qui mangent les enfants. Non, Gagran est de ceux qui rendent service, de ceux qui font des ponts avec leurs bras et qui soufflent pour faire tourner les moulins.
On ne le voit que rarement, car sa tête est toujours dans les nuages.
À quoi pense-t-il, tout là-haut ?
À quoi peut bien rêver un géant ?

Les villageois aimeraient le savoir car, comme Noël approche, ils cherchent une idée de cadeau, un cadeau à sa mesure, un énorme cadeau qui se voit bien de loin pour le remercier de toutes ses bontés !

– Une maison, un château ? propose le maçon.

– Non ! Toutes les pierres du pays n'y suffiraient pas… et c'est à peine s'il pourrait y mettre le petit doigt !

– Un manteau pour l'hiver ? propose la couturière.

– Non ! Gagran n'a jamais froid. En quelques pas, il peut partir se réchauffer les mains au Sahara.

– Une grande chaise pour s'asseoir ? propose le menuisier.

– Non ! Combien faudrait-il couper d'arbres et de forêts ? D'ailleurs, le géant n'aime que marcher et, quand vient la nuit, il s'allonge entre deux montagnes pour se reposer.

– Un énorme gâteau ? propose le boulanger.

– Non ! Gagran se nourrit exclusivement de nuages, sans quoi il aurait déjà dévoré la ville entière.

Quoi donc, alors ? Personne ne le sait, pas même le Père Noël.

Le temps passe, Noël approche,
et il semble bien que, cette année encore,
Gagran n'aura pas de cadeau à sa mesure.
Rien ne sera jamais assez grand
pour remplir son soulier de géant.
– J'ai une idée, propose alors la petite Lila.
Venez tous avec moi !
La petite fille se précipite vers le géant,
qui dort, adossé à la montagne. Elle sort
une flûte de son sac et se met à jouer
un petit air que les oiseaux lui ont appris.
Le géant ouvre un œil, puis les deux,
et il découvre dans son soulier (celui
qu'il avait posé comme ça, pour voir…)
la ville tout entière : le maçon, la couturière,
le menuisier, le boulanger et même
le Père Noël sont là.
Lila, avec sa flûte, fait le chef d'orchestre,
et tous se mettent à chanter un air joyeux
et doux comme un câlin. La chanson monte
légèrement jusqu'aux oreilles du géant.
Gagran en pleure de joie, mais pas longtemps,
bien sûr, sans quoi le pays entier serait
vite inondé !
Depuis, chaque année, quand vient le temps
des cadeaux, Lila conduit tous les villageois
aux pieds du géant. Ensemble, ils lui offrent
un cadeau pas bien grand, un cadeau
qui ne se voit même pas, mais qui remplit
à lui seul l'énorme cœur de Gagran.

Tout bronzé, tout guilleret !

Pfui fui tri lili… Le Père Noël sifflote comme un canari. Il rentre ce matin de vacances. Il était parti à Vaguejolie, une île sous les palmiers très loin de chez lui.

Reposé, il est ravi, bronzé, les joues
si rebondies qu'on dirait des brioches dorées.
En ce premier jour glacé de décembre,
le Père Noël est tout ragaillardi !
– Père Noël, on vous attendait ! dit le lutin
Théodore. Il y a beaucoup de choses à faire
encore : deux mille poupées à assembler
et cinq mille nounours à fabriquer !
Le Père Noël va dans son atelier et commence
à travailler, mais il est dans la lune.
Il repense à la plage de sable chaud,
il se revoit patauger dans son maillot
à petits bateaux… alors il s'imagine
dans les vaguelettes… C'était si chouette !
Distrait, il met des bras à la place des jambes,
des têtes à la place des bras, c'est un vrai
méli-mélo de poupées pas très jojo.
Dépité, Théodore soupire :
– Un homme d'habitude si sérieux !
Et il envoie le Père Noël en cuisine.

– Père Noël, on vous attendait !
dit le lutin Galopin. Il y a encore mille choses à préparer : huit cent soixante-cinq bûches et trois mille deux cents boîtes de chocolats !
Le Père Noël met sa toque et son tablier, et commence à travailler, mais il est dans la lune, il rêve, il se revoit dans un hamac sous une paillote, avec un jus d'ananas qu'il sirote. Alors il se sent bercé…
Il est distrait, il mélange les casseroles, renverse les flacons, met de la moutarde dans le chocolat et du piment dans le nougat…
C'est un ratatouillis pas très joli que même un ours blanc affamé ne mangerait pas !
Dépité, Galopin soupire :
– Un homme d'habitude si sérieux !
Et il envoie le Père Noël au bureau.

– Père Noël, on vous attendait ! dit le lutin Ferdinand. Il y a encore beaucoup de lettres à lire pour préparer la tournée.
Le Père Noël est étonné. Des lettres, quelles lettres ? Tout à coup, il voit la montagne de courrier envoyé par les enfants du monde entier.
– Nom d'un caramel ! J'avais oublié, c'est bientôt Noël ! Mais où avais-je la tête ?
Je dois tout faire pour livrer à l'heure chacun de ces petits chéris, nom d'une toupie !
Il sort sa plume, son flacon d'encre bleue à paillettes et commence à noter les adresses des enfants sur sa liste de cadeaux.
Des cadeaux, des cadeaux…
– Nom d'un traîneau ! J'avais oublié…

Le Père Noël file dans sa chambre et plonge le nez dans sa valise. Deux minutes plus tard, il revient… et là, surprise !
Il n'a plus sa robe rouge, mais son maillot à petits bateaux ; plus de bottes, mais des sandales fleuries ; plus de bonnet à pompon, mais un chapeau de paille rigolo !
Il se met à danser, à chanter, toutala olé olé ! et il distribue tout plein de petits cadeaux, toutala élo élo. Ce sont des coquillages, des colliers de fleurs parfumées et de jolis paréos. Les lutins sont enchantés.
Ni une ni deux, ils enfilent leur tenue de fête et font une farandole en se mettant à chanter toutala olé olé !
Pendant ce temps-là, derrière les carreaux, les quatre rennes regardent la scène en soupirant :
– Des lutins d'habitude si sérieux… si ce n'est pas malheureux !
Et quelques minutes plus tard, devinez qui on entend chanter toutala olé olé ?

Le grelot de Pierrot

Demain, c'est Noël !
Il est grand temps de préparer le sapin, qui vient tout juste d'arriver dans le salon. Pierrot s'empresse d'aller chercher au grenier la boîte de décorations.

– Youpi ! s'écrient-elles toutes en chœur, nous allons enfin sortir !

– Dites-moi que je serai bien placée cette année ! soupire la boule dorée. La dernière fois, c'est à peine si on me voyait derrière la grosse branche du fond.
– Moi, j'étais tout en haut, j'éclairais le plafond. Quand je clignotais, tout le monde m'applaudissait, fanfaronne la guirlande.
– Ah non ! C'était moi la plus haute, proteste l'étoile. D'ailleurs, il a fallu une échelle pour m'accrocher. J'étais la plus haute et la plus belle ! Ce n'est pas comme certains, dit-elle en se tournant vers Petit-Grelot, qui rougit de honte. Passer Noël au fond du carton, pffff ! c'est ri-di-cule !

Comment Petit-Grelot pourrait-il oublier ce triste souvenir ? Il avait vu Pierrot choisir les décorations et les disposer une à une sur l'arbre ; les boules, les feuilles de houx, le petit lutin, et même le bonhomme de pain d'épice avaient trouvé une place dans le sapin, tandis que lui était demeuré tout seul au fond de la caisse.

À présent, le carton se vide rapidement
de toutes ses boules multicolores,
de ses rubans, de ses nœuds brillants,
mais Petit-Grelot n'a pas encore été choisi.
Il entend Pierrot s'exclamer :
– Mon sapin est splendide ! Il ne me reste
plus qu'à mettre mes chaussures dessous
et tout sera prêt !
Avant de se coucher, il écrit quelques mots :

Cher Père Noël,
J'espère que tu as bien reçu ma lettre.
J'ai préparé pour toi une part de gâteau
et un verre de lait.
Tu les trouveras sur la cheminée.
Bon appétit !
Pierrot

Il fouille une nouvelle fois dans le carton,
à la recherche d'une décoration
pour l'assiette qu'il vient d'installer.
– Oh ! un grelot. Quelle bonne idée !
Petit-Grelot saute de joie. Ding ding ding !
Ding ding ding !
– Il sonne à merveille. Et maintenant,
vite, au lit !

Au cœur de la nuit, le Père Noël dépose les cadeaux et découvre son assiette.

– Que c'est gentil ! Ce goûter me fait le plus grand bien, et ce grelot me comble de joie ; j'ai toujours rêvé d'en avoir un au bout de mon bonnet. Je l'attache bien solidement, voilà, et en avant, la route est encore longue !

Juché sur son traîneau, avant de poursuivre sa fabuleuse tournée, il s'écrie :

– Joyeux Noël, Pierrot, oh oh ohooooo !

En même temps, Petit-Grelot chante à tue-tête : ding ding ding ! Ding ding ding !

Les bretelles du Père Noël

Ce matin, les petits lutins emballent les derniers cadeaux et les empilent sur le traîneau.
Pendant ce temps-là, le Père Noël commence à s'habiller. Il enfile son pantalon et sa chemise bien repassés, mais quand il veut mettre ses bretelles, impossible de les trouver.
Elles ne sont ni dans le tiroir, ni dans le placard, ni dans l'armoire.
– Quelqu'un a-t-il vu mes bretelles ? demande le Père Noël.

– Non ! répond Moulin-à-Vent,
le lutin au bonnet blanc. Mais regardez
ce que je viens de trouver dans un saladier !
– Oh ! Mes chaussettes pour avoir
bien chaud aux pieds !
Le Père Noël enfile ses chaussettes…
puis il part de nouveau à la recherche
de ses bretelles.
– Quelqu'un a-t-il vu mes bretelles ?
demande-t-il.
– Non ! répond Fleur-de-Courge,
le lutin au bonnet rouge. Mais regardez
ce que je viens de trouver dans l'atelier !
– Oh ! Mon bonnet fourré pour ne pas
m'enrhumer !
Le Père Noël le met sur sa tête…
puis il part de nouveau à la recherche
de ses bretelles.
– Quelqu'un a-t-il vu mes bretelles ?
demande le Père Noël.
– Non ! répond Fil-de-Fer,
le lutin au bonnet vert. Mais regardez
ce que je viens de trouver dans le grenier !
– Oh ! Ma houppelande pour être
bien emmitouflé !
En prenant la houppelande, il fait tomber
quelque chose par terre.
– Voilà mes bretelles ! s'écrie le Père Noël.

Ce soir, tandis que le traîneau file
dans le ciel, les lutins préparent
une drôle de surprise au Père Noël :
ils lui fabriquent un portemanteau,
l'emballent dans du joli papier cadeau,
puis le posent devant le sapin en riant…
– Maintenant, le Père Noël ne perdra plus
ses vêtements !

Un Noël tout de travers

Petit Ours veut un sapin.
Celui-ci ? Il est trop grand.
Celui-là ? Il est trop maigre.
Et ce sapin-là ? Il n'a plus d'aiguilles.
Ah ! là, là ! Rien ne va !
Petit Ours rentre bredouille.

Petit Ours se dit : « Tant pis pour le sapin,
je vais préparer une bûche de Noël. »
La première est raplapla.
La deuxième est trop cuite.
La troisième est parfaite… mais Petit Ours
la goûte et finit tout jusqu'à la dernière miette !
Ah ! là, là ! Rien ne va !
Petit Ours est encore bredouille.

Petit Ours se dit : « Tant pis pour la bûche,
je vais acheter plein de cadeaux. »
Celui-ci fait un drôle de bruit.
Celui-là est trop petit.
Et ce cadeau-là ? Non, non, Petit Ours
ne l'aime pas.
Ah ! là, là ! Rien ne va !
Petit Ours est toujours bredouille.

Il est presque huit heures, les invités vont arriver.
Alors, vite, vite, Petit Ours fait sauter des crêpes dorées, enfourne une galette des Rois, enfile un déguisement de sorcière, glisse des œufs en chocolat dans les chaussons, décore sa maison avec des guirlandes d'anniversaire de l'année dernière et installe dans l'entrée une grosse citrouille lumineuse.

Ma foi, tous les invités ont bien ri et bien chanté.
– Joyeux Noël, Petit Ours ! Bon anniversaire ! Happy Halloween ! Vive la Chandeleur ! Vive les Rois, joyeuses Pâques et… bonne année !
De mémoire de Petit Ours, jamais un Noël tout de travers ne fut aussi réussi !

Joyeux Noël, chat Moustacha !

Aujourd'hui, il fait très froid.
Charlotte dit à Moustacha :
– Ce n'est vraiment pas un temps à te mettre dehors, mon chat ! Aujourd'hui, tu ne sors pas !

D'habitude, quand Charlotte s'en va, elle s'arrête au bout du sentier pour dire au revoir à Moustacha, qui la suit toujours jusque-là. Il pose alors sa patte sur son cartable, ce qui veut dire en langue de chat : « Travaille bien, ma Charlotte ! Il faut toujours bien travailler ! » Ensuite, il rentre se coucher. Ce matin, il ne viendra pas. Il n'a pas le droit ! Charlotte avance, emmitouflée, sur le chemin enneigé. Derrière la fenêtre, Moustacha gratte la vitre tristement.
– À tout à l'heure, ma Charlotte ! miaule-t-il. Je vais m'ennuyer sans toi !
Ensuite, fourbu, il s'étend bien au chaud près du fourneau.

Sur la place du marché, des guirlandes colorées éclairent les arbres gelés. Charlotte rejoint les autres enfants dans la cour de l'école. Toute la journée, ils vont dessiner, couper et coller pour décorer leur classe.
Il y a mille choses à préparer.
Le soir, à l'heure de ranger, la maîtresse annonce :
– Demain, les loupiots, dernier jour pour poster vos lettres au Père Noël ! Je vous aiderai à les écrire. N'oubliez pas d'y réfléchir !
– Pas besoin d'y réfléchir ! répond Charlotte joyeusement. On y pense depuis si longtemps !

Quelque chose tracasse Charlotte
sur le chemin du retour. Arrivée à la maison,
elle va tout de suite voir son chat.
– Bon, pour moi, c'est décidé : je veux
un vélo ! Mais toi aussi, tu as été sage,
donc tu mérites un cadeau ! Dis-moi
ce qui te plairait pour ton Noël, mon minet.
Moustacha regarde Charlotte avec des yeux
étonnés. Franchement, il a beau chercher,
il ne sait pas quoi demander.
– Si tu veux, lui propose Charlotte,
je peux te tricoter un chaperon pour l'hiver.
Tu choisis la couleur de la laine et…
Moustacha pousse un cri et disparaît sous
le tapis, ce qui signifie « J'aurais trop honte !
Les autres chats se moqueraient de moi !
Personne ne mettrait un truc comme ça ! »
– Et si je t'offrais un pouf ? continue Charlotte.
Un vrai coussin de pacha, confortable
et chamarré, où tu pourrais t'allonger
quand tu es très fatigué…
Moustacha s'approche de la fillette et se blottit
dans ses bras.
– Rraaouou… Rraaouou ! Je n'en veux pas !
Je préfère dormir avec toi !

– Je pourrais te donner mon baladeur ? Comme ça, tu pourrais danser le cha-cha-cha, même quand je ne suis pas là. Qu'en penses-tu, mon gentil chat ?

Moustacha baisse le nez, se tourne de l'autre côté.

– Non, ça ne m'intéresse pas. J'aime mieux danser avec toi !

– Je pourrais t'acheter un costume de Batman ! finit par lancer Charlotte. Tu n'aimerais pas te déguiser ?

Moustacha balance sa queue, puis il saute par terre, vexé, et griffe la porte pour s'en aller.

– Pour qui tu me prends, Charlotte ? Je ne suis pas une chauve-souris !

Le lendemain, à l'école, Charlotte est bien embêtée. Tout à coup, elle se lève car elle a enfin trouvé ! Sur sa lettre au Père Noël, elle écrit en attaché :

Père Noël,
Je voudrais un super-vélo pour moi
et UNE SURPRISE pour mon chat !

Enfin, c'est Noël, ça y est !
Une fois les parents couchés,
Charlotte et son chat se cachent.
Tous deux veulent voir le Père Noël
sortir de la cheminée, mais Moustacha
s'endort tout de suite.
À minuit, Charlotte croit rêver. Elle voit
d'abord arriver, portant un énorme paquet,
le Père Noël dans son manteau rouge,
avec sa barbe et ses cheveux blancs…
Jusque-là, rien d'étonnant, mais un autre
Père Noël arrive juste après. Il est petit
et moustachu, avec un manteau poilu
et de belles oreilles pointues.
Il dépose quelque chose au pied du sapin
et chuchote à son copain :
– Miaou ! Miaou ! Dépêchons-nous !
– Chat alors ! s'écrie Charlotte.

Le lendemain matin, Charlotte ouvre son cadeau. C'est un superbe vélo ! Moustacha se fait les griffes sur une bûche près du foyer, puis il déchire son paquet. Il y découvre un panier à vélo en osier portant une plaque sur laquelle est gravé son prénom. Charlotte le fixe sur le guidon. Moustacha s'installe dedans et déclare immédiatement :

– Quelle bonne idée, ma Charlotte ! Toi seule pouvais y penser ! Bon ! On va se promener ?

Puis il s'allonge, épuisé, et se met à ronronner.

Charlotte sort dans le jardin avec son vélo et regarde attentivement le ciel. Elle cherche le nuage où habite le Père Noël des chats et s'écrie dès qu'elle le voit :

– Ah ! Ça y est ! Te voilà ! Quel joyeux Noël pour Moustacha ! Bravo, Père Noël des chats !

Le dernier voyage de Clochette

C'est la nuit.
La ville s'est endormie et les étoiles veillent en écoutant la chanson des petits bruits.
Crcrcrrrrrrac, crépite le feu.
Miiiiiiiaaaaa, fait le vieux chat en s'étirant.
Tictactictactictac, répète inlassablement la grande horloge du salon.

Soudain, les étoiles entendent une nouvelle mélodie, une petite musique qui vient du ciel et qui fredonne un air de fête.
Tinguelinguelintingting…
C'est Clochette, le petit grelot du Père Noël, qui annonce l'arrivée du traîneau !
Tinguelinguelintingting…
Les étoiles scintillent de plus belle.
Le vieux chat se précipite à la fenêtre : le Père Noël arrive !
Tinguelingkkkkkkkrrrrrrrrrrouic !
Tiens, Clochette aurait-elle mal à la gorge ?
Tinkrrrrrrrrrkrrrkkrcrouic !
Est-ce le givre ou la fatigue qui l'empêche de tinter ? De mémoire d'étoile, on n'avait jamais entendu une seule fausse note !

Krrrrrrrouikkkbrrrrrrrr…
Le Père Noël est très inquiet.
– Que dis-tu, Clochette ? Que tu as froid ? Que les longues nuits à tintinnabuler sous la neige t'ont usée ? Voyons, voyons, tu brilles encore de mille éclats et tu aimes tant chanter que même une tempête ne saurait te faire taire !

Mais Clochette est frigorifiée et fatiguée. Elle se blottit dans un pli du bonnet du Père Noël et regarde les cadeaux dans la hotte. Ils sont si impatients qu'ils se bousculent joyeusement pour savoir qui sortira en premier. Clochette aimerait tant être à leur place : elle pourrait alors se pelotonner au pied du sapin, attendre patiemment le réveil des enfants et mêler son carillon à leurs rires ! Elle aurait tant d'histoires à leur raconter, tant de chants à leur fredonner…
Ce n'est plus l'heure de rêver ! Le traîneau vient de s'arrêter sur le toit de la maison de Léa : un petit ours blanc trépigne dans la hotte !
Quand le Père Noël arrive dans la chambre de la fillette, Clochette et l'ours blanc découvrent un minuscule bébé qui dort paisiblement dans son berceau : Léa est à peine plus grande que son ours !
L'ours blanc est si fier d'être le premier cadeau de cet adorable bébé qu'il se blottit tout de suite à ses pieds. Clochette regarde l'ours blanc et Léa avec tendresse : en voilà deux qui vont bien s'entendre…

Clochette sent alors les mains du Père Noël
qui dénouent sa ficelle. Délicatement,
il l'attache au cou de l'ours.
– Ma chère Clochette, il est temps pour toi
d'arrêter les voyages. Léa est une toute
petite fille, mais elle raffole déjà des histoires.
Prends bien soin d'elle, avec Ours…
Je passerai vous voir à chaque Noël
et je suis sûr que vous aurez plein
de nouvelles aventures à me raconter !
Clochette sent son petit grelot battre
si fort qu'elle a peur de réveiller Léa !
Elle s'enfonce dans la fourrure toute douce
de son nouveau compagnon, regarde la petite
Léa et pense déjà à toutes les belles mélodies
qu'elle pourra lui fredonner à son réveil…

Un Père Noël emmitouflé

L'hiver est rude, cette année. Le ciel jette sur la terre des boules de coton glacé. Dans leur maison, où brûle un bon feu, maman serre contre elle Antonin, son petit garçon adoré.

– On a de la chance d'être bien au chaud, tu sais ! Le vent du Nord souffle dehors. Ce n'est pas Noël pour tout le monde… Il fait très froid pour les oiseaux, et ils doivent être affamés.
Antonin court chercher du pain.
– Si on leur jetait des miettes ?
– Ça n'ira pas, dit maman, elles disparaîtront sous la neige. Il faudrait les abriter !
Dans le garage, il y a tout ce qu'il faut pour bricoler. Maman scie des planches, et Antonin les cloue en faisant attention de ne pas se blesser. Bientôt, une petite maison au toit pentu apparaît. Maman l'installe dans le jardin, et Antonin y dépose un petit morceau de beurre, des graines noires de tournesol, de la noix de coco râpée… Et quand papa rentre du travail, plus tôt que d'habitude parce que c'est le soir de Noël, qui voit-il dans le jardin ? Le Père Noël des oiseaux, emmitouflé dans son manteau, avec capuche et cache-nez !

Drôle de cadeau

Lucas est un sacré farceur. Il pousse des cris de monstre dans le noir, ment à ses parents, tire la queue du chat et cache les jouets de ses sœurs. Bref, il passe la moitié de son temps à faire des farces, et l'autre moitié à en rire. Pourtant, cette année, pour le jour de Noël, il s'est promis de faire une trêve. Pour une fois, plutôt que de faire enrager ses proches, il va essayer de leur faire plaisir. Un cadeau pour chaque membre de la famille ; il y en a qui seront bien surpris !

D'abord, il intercepte toutes les listes de cadeaux et envoie un mot au Père Noël :

Cette année, tu n'auras pas à t'occuper
des cadeaux de la famille, je m'en charge.

Ensuite, il trouve des poneys multicolores et des poupées pour ses sœurs, un bijou pour sa mère et une énorme boîte de chocolats pour son père – il en raffole !

Noël arrive enfin, et Lucas trépigne d'impatience.
Sous le sapin, les cadeaux sont là. Il y a ceux de Lucas, et puis d'autres, que le Père Noël a déposés en plus. Sans doute pensait-il que Lucas aurait oublié les siens… « Pfff ! Il est bien prévoyant, ce Père Noël », se dit Lucas.
Tout le monde se précipite. Bruit de papiers déchirés, cris de joie, cris d'étonnement…
Ça y est, tous les cadeaux sont déballés.
Tous… sauf ceux offerts par Lucas !
– Et ceux-là ? demande-t-il, déçu, vous ne les ouvrez pas ?
– Pour trouver quoi, une boîte vide ? demande papa.
– Une araignée ? demande maman.
– Des oranges pourries ? demandent ses sœurs.
– Pas question ! Garde-les, tes cadeaux ! lancent-ils tous en chœur.
Lucas est alors si triste qu'il en pleure à chaudes larmes. C'est bien la première fois. Jamais il n'avait pleuré, avant.

Chacun prend finalement le cadeau de Lucas et l'ouvre devant lui. Incroyable ! Ce n'est pas une farce !

– Désolé, Lucas, et merci beaucoup pour tes cadeaux, c'est vraiment gentil.

Lucas embrasse ses sœurs tandis que papa et maman lui apportent un grand paquet. Le garçon déchire rapidement le papier d'emballage, ouvre la boîte et… rien ! Elle est vide ! Ses parents lui ont offert une farce…

– Bravo ! crie Lucas en riant comme une baleine, pas besoin de cadeau, les bisous me suffisent bien !

Quel bonheur d'offrir des cadeaux, et que c'est drôle de recevoir une farce ! Pour cette année, ça ira, mais pour l'an prochain, Lucas espère bien recevoir un vrai cadeau. Toutefois, comme le Père Noël est toujours prévoyant, Lucas finit par trouver un paquet à son nom, bien caché derrière le sapin.

– Merci, sacré Père Noël !

Le vilain défaut du Père Noël

Savez-vous quel est le plus gros défaut du Père Noël ? La curiosité.
Ce vilain défaut lui vient de l'habitude qu'il a prise, les soirs de Noël, de se glisser chez les gens en passant par la cheminée ou par la fenêtre. Le problème, c'est que maintenant le Père Noël ne peut plus s'empêcher d'entrer chez n'importe qui, n'importe quand, n'importe comment, et ça, ce n'est vraiment pas poli.

C’est ainsi que, le matin de la veille de Noël, lui arrive une étrange aventure.
Le Père Noël se promène dans la forêt et là, mmm, une délicieuse odeur lui chatouille les narines. « Oh, oh, oh, qu’est-ce qui sent si bon ? », se demande-t-il.
Le voilà qui suit ce parfum de fraise, de chocolat, non, de crêpe, bref d’un peu tout ça à la fois. Mené par le bout du nez, le Père Noël se retrouve devant la porte d’une étrange maisonnette. Il hésite à frapper mais, l’habitude étant la plus forte, le voilà qui grimpe sur le toit et qui se glisse par la cheminée.

Dans la maison, il n’y a personne. Sur la table de la cuisine est posée une grande bouteille. Intrigué, le Père Noël la débouche et respire son parfum. « C’est donc de là que proviennent toutes ces bonnes odeurs, se dit-il. Si j’osais… »
Et voilà notre Père Noël qui, glou glou glou, ne résiste pas à l’envie d’y goûter.
À peine a-t-il bu qu’il se met à rapetisser. Terrorisé, il s’enfuit par la fenêtre et court sans s’arrêter. Quand il arrive chez lui, toute la maisonnée l’entoure : les rennes s’inquiètent, les lutins se moquent, et la Mère Noël le gronde :
– C’est ce soir, la grande nuit de Noël, et te voilà aussi petit qu’une fourmi !

Le Père Noël décide de retourner à la maisonnette. Il retrouve son chemin en suivant un délicieux parfum de bonbon, de caramel, non, de framboise, bref d'un peu tout ça à la fois. Une fois arrivé, il se faufile sous la porte. Sur la table de la cuisine, à la place de la grande bouteille, le Père Noël découvre un curieux petit flacon. Il le débouche et en respire le parfum.
« Mmm, et si j'osais, se dit-il, c'est peut-être l'antidote ? »
Le Père Noël avale tout d'un coup et se met aussitôt à grandir. Rassuré, il s'empresse de sortir pour rentrer chez lui, mais plus il s'éloigne de la maisonnette, plus il grandit. Bientôt, il est obligé de se courber pour ne pas se cogner au ciel.
Catastrophé, le Père Noël se met à pleurer :
– Comment vais-je faire, ce soir, pour me glisser dans les cheminées ?

Alors il retourne sur ses pas et, pour la première fois, il frappe poliment à la porte de la maisonnette. Une petite bonne femme apparaît sur le perron. Le Père Noël bafouille :
– Je voulais vous demander pardon d'être entré chez vous sans y avoir été invité.
– Ah ! quand même, bougonne la petite bonne femme. Croquez ça, poursuit-elle en lui tendant un biscuit, qu'avec ses grands doigts le Père Noël a beaucoup de mal à attraper.
Cric, crac, croc… notre Père Noël retrouve sa taille, et le voilà même un peu plus mince qu'avant. Il remercie mille fois la propriétaire de la maisonnette, et se présente enfin.
– Enchantée de vous connaître, répond la petite femme. Je suis Alice, votre voisine. On me dit un peu sorcière…
– Pour le côté sorcière, j'avais remarqué, rougit le Père Noël, honteux.
– Et vous, pour le côté curieux, si vous êtes le Père Noël, je comprends mieux ! dit Alice en éclatant de rire.
Et le soir de Noël, devinez qui rigolait dans le ciel rempli d'étoiles ? Une sorcière filant sur un traîneau chargé de cadeaux, suivie de près par le Père Noël perché sur un balai magique ! Ho, ho, ho !

Le sapin qui chante

Demain, c'est Noël. Que d'agitation chez les Marmotton !
Depuis le matin, papa fait des gâteaux.
Ça sent bon le chocolat et les châtaignes.
Ça sent bon Noël !

Maman et ses petits ont enfin retrouvé,
tout au fond du grenier, la boîte
pleine de décorations pour leur sapin,
mais quand ils l'ouvrent, quelle déception !
Plus de guirlandes en pommes de pin,
plus d'étoiles en brins de paille,
que des miettes, que des débris !
– Les insectes ont tout mangé ! crie maman.
– Et ils se sont régalés ! s'attristent les petits,
Noël va être raté, tous nos trésors ont disparu !
Notre arbre va rester tout nu !
– Pas question, déclare papa, je pars
sur-le-champ cueillir mille boules de houx.
Et le voilà qui s'en va avec son grand sac
sur le dos. Dehors, il y a de la neige partout,
de la neige molle, blanche et glacée.
Papa se pique les pattes et se dit : « La nuit
va tomber. Pour avoir assez de baies rouges,
il me faudrait un jour entier ! »
Blottis sur une branche, le ventre vide,
les oiseaux gazouillent :
– N'aurais-tu pas, par hasard, quelques grains
à nous donner ?
– Non, mais… répond papa Marmotton,
les yeux tout scintillants, suivez-moi donc,
je vous invite au réveillon !

Cette nuit, c'est Noël. Que d'animation chez les Marmotton ! Des grains de blé grillent, des pommes au caramel grésillent. C'est que, cette année, ils ont toute une ribambelle d'invités, perchés sur les branches du sapin.
Les petits Marmotton sont heureux, émerveillés, quand à minuit les oiseaux, rassasiés, se mettent à siffler tous les chants de Noël qu'ils connaissent. Papa et maman n'en reviennent pas. Jamais de leur vie ils n'ont vu un sapin si merveilleux ! Un sapin qui chante !

Le tout petit Noël

Il était une fois une toute petite fille. Elle habitait dans une toute petite maison avec son tout petit frère et ses tout petits parents.

Lorsque Noël arriva, le tout petit papa installa un tout petit sapin dans la toute petite salle à manger. La toute petite fille et le tout petit garçon le décorèrent avec de minuscules boules colorées et de fines guirlandes multicolores, puis leur toute petite maman posa au sommet une étoile dorée à peine plus grosse qu'un pétale de rose.
Le soir de Noël, la toute petite maman prépara de succulents petits gâteaux, le tout petit papa alluma une bûche toute riquiqui dans la petite cheminée et quatre paires de pantoufles grandes comme des boutons de fleur furent sagement posées au pied du sapin.

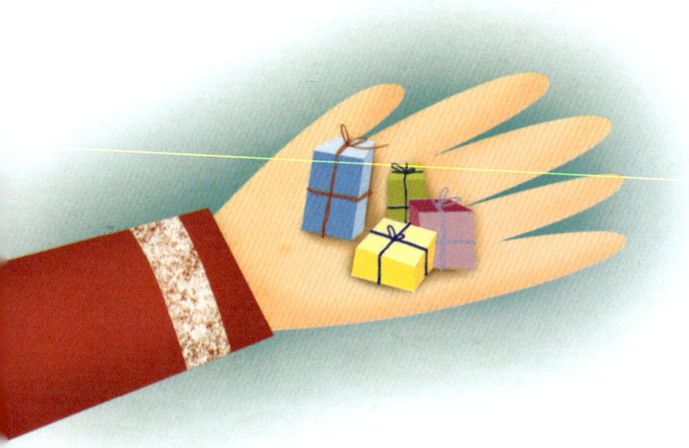

À minuit, alors que toute la famille dormait dans de tout petits lits, un grand traîneau tiré par six rennes majestueux apparut dans le ciel immense. Il se posa sans bruit près de la toute petite maison. Le Père Noël en descendit en faisant bien attention de ne pas marcher sur la minuscule habitation. Il sortit de sa grande poche une lettre de la taille d'un confetti.
– Léa et Tom Petit, au 1, rue Rétrécie. C'est bien ici, chuchota le vieux monsieur tout habillé de rouge. Voyons voir… où sont donc les paquets pour ces deux gentils bambins ?
Le bonhomme Noël farfouilla dans sa grande hotte. Il en sortit de minuscules paquets qui tenaient tous dans le creux de sa grosse main, puis il se pencha au-dessus de la minuscule cheminée en murmurant :
– Je crois bien que je vais rester dehors. Cette cheminée est trop petite, même pour le plus menu de mes lutins !
Il attrapa alors chaque paquet avec délicatesse et le glissa dans le conduit. Comme par magie, les cadeaux descendirent tout doucement et allèrent se poser sur les chaussons alignés au pied du sapin.
– Mission accomplie, déclara le Père Noël en remontant dans son traîneau.

Le lendemain matin, Léa et Tom se réveillèrent de très bonne heure. Ils sautèrent vite de leurs tout petits lits et coururent voir si le Père Noël était passé.
– Maman ! Papa ! Venez vite ! Il y a plein de cadeaux au pied de notre sapin ! C'est magique !
Ce matin-là, toute la famille déballa les paquets en sautant de joie.
– Un beau livre pour moi, claironnait Tom.
– Une jolie poupée pour moi, criait Léa.
– Un bon feu dans la cheminée, dit le papa en allumant une belle bûche.
– Et un grand, un immense bonheur pour nous tous dans notre toute petite maison, ajouta la maman.
Petite maison ou grande maison, qu'importe, du moment qu'il y a de la place pour tout le monde. L'esprit de Noël n'a pas besoin de beaucoup d'espace, il a juste besoin de beaucoup d'amour pour exister !

La licorne de Noël

Ce soir, c'est le grand soir. Le Père Noël a enfilé ses bottes et son long manteau. Les lutins ont chargé le traîneau. Tout est prêt… sauf que, snif, snif ! quelqu'un renifle. Oh, non ! Les rennes du Père Noël ont attrapé un gros rhume. Impossible de tirer le traîneau ! Ils doivent rester bien au chaud.

Le Père Noël, la Mère Noël et les lutins froncent les sourcils, se grattent la tête et réfléchissent, mais ils ont beau faire tout leur possible, ils ne voient pas qui saurait tirer un traîneau débordant de cadeaux !
– Si seulement on possédait une baguette magique ! soupire le plus petit des lutins.
Magique ? Magique ! Ce mot donne une idée au Père Noël. Une aide magique des habitants du pays de l'Imaginaire, voilà ce qu'il leur faut ! Aussitôt dit, aussitôt fait, le Père Noël lance un appel à la rescousse.

Les fées arrivent les premières dans un nuage d'étincelles.
Elles attrapent l'attelage et oh, hisse ! elles tirent, tirent et tirent encore. Mais bientôt, leurs ailes battent moins vite.
– Désolées, regrettent-elles, nous sommes trop fragiles pour supporter ce froid.

En repartant, elles croisent deux géants.
Boum ! Boum ! Chacun de leurs pas fait trembler la terre.
– Merci d'être venus, leur dit le Père Noël, mais vous êtes si grands que, pendant la tournée, vous risquez d'écraser niches, barrières et lampadaires !
Boum ! Boum ! Les géants s'en retournent dans leur pays.

Schlack, schlack, un bruit rythmé leur fait lever la tête vers le ciel. Quatre dragons ont déployé leurs ailes pour voler au secours du Père Noël !

– Nous voici prêts à traverser la Voie lactée, à voler de cheminée en cheminée !

Ouf ! Quel soulagement ! La tournée va enfin pouvoir commencer. Le Père Noël grimpe sur le traîneau, quand soudain… atchoum, atchoum ! Alors que les dragons éternuent, des flammes sortent de leurs naseaux, des flammes si longues et si puissantes que la neige fond aussitôt sur des kilomètres de distance. Malheur ! Les dragons sont allergiques aux poils de barbe du Père Noël ! Ils risquent d'éternuer toute la nuit, de brûler les villes, d'incendier les pays ! Vite ! Ils regagnent leurs grottes et leurs montagnes.

Les lutins secouent la tête, désespérés.
Il sera bientôt trop tard pour partir !
C'est alors qu'arrive une belle licorne blanche. Elle vole, calme et sereine.
Ses ailes brillent sous la lune. Ses yeux pétillent de tendresse. Princesse des glaces, fée de la neige, elle est si belle !

– Vous avez besoin d'aide ? demande-t-elle d'une voix cristalline.

D'un habile coup d'ailes, elle se place devant le traîneau. Le Père Noël la harnache avec précaution, puis il s'assoit et prend les rênes. Soulevant un léger nuage de poudre de neige, la gracieuse licorne décolle en douceur. Quel soulagement !
La tournée est sauvée, tous les enfants recevront leurs cadeaux !
Le Père Noël sourit. Quel magnifique cadeau lui offre la licorne ! Voyager avec elle, ça ressemble à un rêve !

C'est quand, Noël ?

Coucou ! Devine qui est là ? demande papa en rentrant. J'ai une surprise pour toi, Élisa.

– Une surprise ? Youpi ! Je veux voir ça !

Papa a acheté un beau sapin bien touffu pour Noël.

– Oh ! qu'il est beau ! Et les cadeaux ? demande Élisa.

– Un peu de patience, ma chérie. Noël, ce n'est pas encore aujourd'hui !

– Surprise ! Regarde ce que j'ai là ! claironne maman en ouvrant un carton géant. J'ai quelque chose pour toi, Élisa.
– Quelque chose pour moi ? Youpi ! Je veux voir ça !
Maman a sorti toutes les décorations de Noël : de longues guirlandes multicolores, de grosses boules bleues et or, plein de jolis décors.
– Oh ! Que c'est beau ! s'exclame Élisa. Et les cadeaux, où sont-ils donc ? Je ne les trouve pas.
– Un peu de patience, ma chérie. Noël, ce n'est pas encore aujourd'hui !

– Toc, toc, toc. Mais qui voilà ? demandent mamie et papy en serrant Élisa dans leurs bras. Nous avons une surprise pour toi !
– Une surprise ? Youpi ! Je veux voir ça !
– C'est une bûche de Noël. Une bûche en chocolat, avec des petits champignons en bonbons, un lutin et un minisapin.
– Oh ! Que c'est beau ! On va se régaler ! Mais, où sont mes paquets ?
Papy répond en souriant :
– Un peu de patience, mon petit lutin. Noël, c'est demain matin !

– Oh, oh, oh ! Qui est passé par la cheminée ?
C'est le Père Noël qui descend du ciel.
Lève-toi vite, Élisa, il y a plein de surprises pour toi !
– Des surprises ?
Élisa arrive en courant.
– Oh ! Que c'est beau !
Au pied du grand sapin vert couvert
de boules et de guirlandes colorées,
au pied du grand sapin vert, il y a
tout plein de beaux paquets.
– Noël, c'est aujourd'hui, chantent maman et papa, mamie et papy. Joyeux Noël, petite chérie !

Déballage de cadeaux

Agathe a une immense famille du côté de sa mère.
Il y a d'abord papa et maman, grand-père et grand-mère, mais elle a également douze oncles, dix-sept tantes et quarante-trois cousins !
Chaque année, pour Noël, toute la famille se retrouve dans une grande maison pleine de chambres, de salles de bains et de recoins.
La veille de Noël, tout le monde – Agathe, ses parents, ses grands-parents, ses vingt-neuf oncles et tantes et ses quarante-trois cousins – dépose sa chaussure devant l'énorme sapin qui monte jusqu'au plafond.

Ce soir, Agathe et son cousin Albert ont bien l'intention de surprendre le Père Noël. Dans la nuit, les deux coquins se faufilent jusqu'au salon.

– Crotte de bique, chuchote Agathe, on est arrivés trop tard !

– Oui, mais regarde tous ces cadeaux, répond son cousin, les yeux brillants.

Avidement, Agathe cherche sa chaussure. Oh, son cadeau n'est pas très gros ! Un peu déçue, elle remarque que son cousin Charles a un paquet bien plus gros que le sien. Ni une ni deux, elle échange les cadeaux. Albert trouve l'idée amusante et commence à mettre la pagaille dans la distribution du Père Noël. Voilà un tout petit paquet pour papy Jean, qui gagne toujours aux cartes. Et pour tante Angélique, qui lui donne des bonbons, en voilà un qui brille et qui doit sûrement être magnifique. Au bout d'un moment, Agathe regarde autour d'elle et se dit que les cadeaux ont l'air d'être bien mieux répartis ainsi. Satisfaits du résultat, les deux cousins rejoignent vite leurs lits et s'endorment jusqu'au lendemain.

À huit heures, la cloche sonne. C'est le signal ! Tout le monde se précipite dans le salon et tente de retrouver sa chaussure. Oncle Alphonse vient enfin de mettre la main sur sa pantoufle. Ouf ! L'air de rien (ce n'est quand même plus un enfant), il ouvre son cadeau… et découvre avec stupeur un Batman en plastique ! Même étonnement chez mamy Flo, qui se retrouve avec une perceuse électrique entre les mains. Quant au papa d'Agathe, il regarde un peu surpris la superbe dînette en porcelaine qu'il vient de déballer. Agathe, de son côté, s'empresse d'ouvrir l'énorme paquet qu'elle a chipé à son cousin Charles. « Qu'est-ce que cela peut être ? » se demande-t-elle avec excitation. Quelle n'est pas sa surprise de découvrir un énorme hélicoptère télécommandé ! Extrêmement déçue, elle se tourne vers son cousin Charles, qui est en train de déballer son paquet. Oh ! C'est une ravissante poupée qui fait pipi toute seule. Charles, interloqué, la regarde et la secoue dans tous les sens.

– Mais arrête ! s'exclame sa cousine. Tu vas l'abîmer. Tiens, donne-la-moi en échange de cet hélicoptère.

– Ouah ! s'extasie Charles devant l'engin en question.

Pendant toute la matinée, chacun tente de trouver un cadeau qui lui fasse plaisir.
– Dis, tu m'échanges ce moule à gaufres contre cette panoplie de docteur ?
– Oncle Richard, tu pourrais me passer ce livre sur les dragons ? J'en ai toujours rêvé !
– D'accord, mais en échange, va demander à tante Célestine de me donner ce magnifique jeu d'échecs.
– Ouin ! pleure bébé Pierre. Ze veux la voiture !
– Mais oui, tiens, prends-la. Et passe-moi cette canne à pêche.
– Non, ze veux pas ! Ouin ! hurle Pierre.
Bref, chacun réussit à trouver chaussure à son pied, heu… plutôt cadeau à son goût, et après des heures de discussion et de fous rires, toute la grande famille d'Agathe prend un petit déjeuner de Noël bien mérité.

Le Noël de Margouillote

En cette fin décembre, les maisons sont décorées. Il y a de belles flambées dans les cheminées et des chants résonnent dans les rues. Partout souffle l'esprit de Noël. Partout… sauf chez Margouillote, la petite sorcière.
Cette année, Margouillote en a assez !
Elle a décidé de fêter Noël comme tout le monde, mais sa maman lui dit :
– Margouillote, ma petite crapouillote, on n'est pas comme tout le monde et, fêter Noël, ça ne se fait pas chez les sorcières !

Son papa ajoute :
– Par les poils de mon balai, le Père Noël, ce n'est pas pour les filles de sorcier ! Tout ce rouge et cette bonne humeur… tu veux me transformer en fée ?
Margouillote est malheureuse.
Même si ça ne se fait pas de fêter Noël chez les sorcières et les sorciers, ça se fait encore moins de rendre ses enfants tristes. Finalement, les parents de Margouillote cèdent :
– Bon, d'accord pour cette année !

Pour préparer la fête, la petite sorcière et son papa partent dans la forêt à la recherche du sapin le plus laid qu'ils puissent trouver. À leur retour, Margouillote le décore avec des toiles d'araignée, des chauves-souris et des crapauds baveux. Ça grouille, ça coasse, ça crie ! Margouillote est très fière de son sapin : un vrai sapin de Noël de sorcière. Il ne lui reste plus qu'à faire sa lettre au Père Noël.
– Cher Père Noël, dicte-t-elle à son mini-balai-stylo de bureau. Cette année, j'ai été la plus vilaine petite fille du quartier, ce qui, pour une sorcière, est très bien. Comme récompense, je veux une grosse chouette en peluche, un nouveau chapeau pointu et le super-jeu *Mes premiers sortilèges*.
T'as intérêt à ne pas oublier mes petits souliers. Signé : Margouillote.

Enfin, le soir de Noël arrive.
En bonne sorcière cuisinière, sa maman prépare le repas le plus mauvais de l'année : pâté d'araignées et souris glacées.
Margouillote est impatiente. Elle avale le repas en deux bouchées, puis, en vraie sorcière, elle décide d'attendre le Père Noël cachée derrière le canapé pour lui jeter un sort.
Dès qu'il aura déposé ses cadeaux, elle le changera en crapaud ! Mais le Père Noël en a vu d'autres : des petits ogres qui veulent le manger, des petits vampires qui veulent le mordre ou des petits hommes qui veulent l'attraper, ça lui arrive chaque année !
Il s'assure donc toujours que tout le monde dort profondément dans une maison avant d'y entrer, puis il fait très attention à ne pas faire de bruit.
C'est ainsi que Margouillote, profondément endormie en cette nuit de Noël, ne voit pas le Père Noël qui passe juste sous son joli nez de sorcière.

À son réveil, le lendemain matin,
elle découvre de magnifiques cadeaux.
Les yeux pleins d'étoiles, Margouillote
s'exclame :
– Ouf ! Heureusement que je n'ai pas
changé le Père Noël en crapaud ! Car Noël,
c'est trop bien, et on le fêtera à nouveau
l'an prochain.
Son papa en fait tomber son balai
et toussote :
– Hum… On verra…
Mais Margouillote ajoute :
– Merci, Père Noël ! À bientôt !

Le Père Noël et la petite gazelle

Cette nuit, le traîneau du Père Noël survole le désert.
Tout à coup, le vent se lève, et le Père Noël s'inquiète :
– Par ma barbichette, il se prépare une sacrée tempête !
Il atterrit pour se mettre à l'abri, mais, au beau milieu du désert, pas un seul arbre, pas un seul rocher pour s'abriter. Les rennes se serrent donc les uns contre les autres pour se protéger, et le Père Noël rabat son capuchon jusqu'au menton.

Personne ne voit une petite gazelle s'approcher. Elle aussi cherche un endroit où se réfugier. Comme le Père Noël et les rennes lui tournent le dos, hop ! d'un bond elle saute dans le traîneau. Elle se fait une petite place entre les cadeaux et, tandis que le vent souffle et gronde encore et encore, la petite gazelle s'endort.

C'est la voix du Père Noël qui la réveille :

– Allez ! Yip yip ! Direction Ouagadougou ! dit-il à ses rennes.

La petite gazelle regarde le paysage défiler : « Ce n'est pas par là, Ouagadougou ! » se dit-elle.

Elle hésite à prévenir le Père Noël. « Il sera fâché que je me sois cachée dans son traîneau », se dit-elle, puis elle pense aux enfants qui n'auront pas leurs cadeaux. Alors, tap tap tap ! elle donne quelques coups de sabot pour se faire remarquer.

Le Père Noël se retourne.

– Une gazelle ! s'exclame-t-il.

Il n'est pas du tout fâché, au contraire !

– Bienvenue à bord, lui dit-il.

Et comme la petite gazelle connaît bien le désert, elle le guide jusqu'à Ouagadougou.

La petite gazelle a accroché les paquets sur ses jolies cornes torsadées pour aider le Père Noël à les distribuer.
– Sans toi, dit le Père Noël, je me serais perdu et les enfants n'auraient pas eu leurs jouets !
Pour la remercier, il lui propose des vacances dans le Grand Nord !
– Allez ! Yip yip ! Direction la maison !
Et voilà le traîneau qui file à toute allure dans le ciel.

La petite gazelle s'émerveille en découvrant la neige et les grands sapins verts. Elle jette quand même un petit coup d'œil inquiet autour d'elle. Le Père Noël la rassure :
– Ici, pas un seul lion à l'horizon !
La petite gazelle, qui ne connaît pas le froid, commence à grelotter. Rien de mieux pour se réchauffer que de courir et de bondir.
Hop ! Hop ! Hop !
Devant l'air ébahi des rennes, elle décide de leur apprendre à bondir comme elle.
Hop ! Hop ! Hop !
Le Père Noël les regarde en riant.
– Bravo ! Mais attention, si vous faites des bonds comme ça en tirant le traîneau, vous allez me donner le mal de mer et faire tomber tous les cadeaux !

Le Noël des animaux

Un gros chat et un chien
se croisent sur un trottoir.
Des lumières scintillent
dans la fraîcheur du soir,
des gens courent partout,
les joues rouges de froid,
vêtus de gros manteaux,
des paquets plein les bras.
La rue est animée.
Comme c'est bientôt Noël,
ça sent le pain d'épice, l'anis et la cannelle.

Voilà que le molosse, apercevant minet,
ne fait – c'est incroyable – pas mine d'aboyer.
De la même façon, Mistrigri ne crache pas.
C'est vraiment très bizarre : en effet, ces deux-là
ne peuvent en général jamais se supporter !
Pour peu que par hasard
ils se trouvent nez à nez,
ils retroussent leurs babines
pour se montrer les dents,
et du fond de leur gorge
monte un sourd grognement.

Mais que se passe-t-il donc ?
Quelle attitude étrange :
on dirait des furies
soudain changées en anges…
Les deux bêtes ennemies,
aujourd'hui assagies,
semblent bien décidées
à se montrer polies !
Elles hochent même la tête
pour bien se saluer !
Elles se font gentiment des amabilités !

C’est qu’elles pensent déjà à la nuit de Noël.
Car tous les animaux, du loup à l’hirondelle,
de la vache au dindon, de la puce au lapin,
peuvent alors se parler,
comme des êtres humains.
Ils discutent et ils causent,
ils bavardent, ils débattent
de toutes leurs affaires,
justement à cette date.

On ne va pas gâcher un si joli moment
avec de vieilles querelles ou du ressentiment.
Ce serait trop idiot ! Ce serait affligeant !
Sur le trottoir, ce soir, exceptionnellement,
le gros chat et le chien se croisent en souriant.

En attendant Noël

En attendant Noël, au pôle Nord,
huit lutins coquins font une course
de luge. C'est à celui qui glissera
le plus vite ! Lorsque vient le tour
de Valentin lutin, il dévale la pente
si rapidement qu'il finit sa course
dans la fontaine du Père Noël.
– Atchoum !
Valentin est tout trempé ! Il s'est enrhumé !
Ce n'est pas lui qui accompagnera
le Père Noël dans sa tournée. Tant pis !

En attendant Noël, sept lutins espiègles
jouent à cache-cache. C'est à celui
qui trouvera la meilleure cachette !
Florentin lutin court vers l'étable et se glisse
dans une mangeoire pleine de foin.
– Outch !
Comète, le renne, lui a mordu la main
en mangeant son foin. Florentin part
à l'infirmerie. Ce n'est pas lui qui accompagnera
le Père Noël dans sa tournée. Tant pis !

En attendant Noël, six lutins malins finissent
de fabriquer les jouets dans le grand atelier.
C'est à celui qui terminera le premier !
Ils sont trop pressés. Céline lutine se coince
le doigt en montant un camion en bois.
– Aïe !
Ça fait mal ! Céline doit se soigner.
Ce n'est pas elle qui accompagnera
le Père Noël dans sa tournée. Tant pis !

En attendant Noël, cinq lutins gourmands
se sont enfermés dans la grande cuisine.
C'est à celui qui avalera le plus de gâteaux
au chocolat et de bonbons multicolores !
Mais Merlin lutin a trop mangé, son ventre
va exploser !
– Beurk !
Merlin est barbouillé. Il part se coucher.
Ce n'est pas lui qui accompagnera
le Père Noël dans sa tournée. Tant pis !

En attendant Noël, quatre lutins frileux
mettent des bûches dans la cheminée
pour faire un grand feu. Colin lutin n'est pas
prudent : il tend la main pour se réchauffer,
mais il s'avance trop près !
– Ouille !
Ça brûle ! Colin court vite chercher
la Mère Noël pour se faire soigner.
Ce n'est pas lui qui accompagnera
le Père Noël dans sa tournée. Tant pis !

En attendant Noël, trois lutins sérieux
emballent les cadeaux qui rendront
les enfants heureux. C'est à celui qui fera
le plus beau paquet ! Séraphin lutin
veut trop bien faire : un coup de ciseaux
malheureux et ce n'est pas le ruban
qui est coupé, mais sa belle salopette.
– Zut !
Séraphin n'a pas de tenue de rechange.
Il part vite dans sa chambre pour recoudre
sa salopette. Ce n'est pas lui qui accompagnera
le Père Noël dans sa tournée. Tant pis !

En attendant Noël, deux lutins impatients remplissent la hotte de cadeaux. C'est à celui qui fera le plus vite car ils sont en retard : il fait déjà nuit, le Père Noël va bientôt partir !
– Mince !
Célestin lutin a oublié son bonnet dans l'atelier des jouets. Il part en courant le chercher, mais le traîneau est sur le point de s'envoler. Ce n'est pas lui qui accompagnera le Père Noël dans sa tournée ! Tant pis !

Le soir de Noël, une lutine souriante attend devant le traîneau rempli de cadeaux.
– Les rennes piaffent d'impatience, il est temps d'y aller, dit le Père Noël. Alors, comme ça, c'est toi qui vas m'accompagner pour cette belle soirée ?
– Oui, c'est moi, je crois, répond la petite Clémentine avec un grand sourire. C'est ma première fois ! Tous les autres lutins ont déjà fait plusieurs tournées, moi jamais. J'ai un peu peur, je ne suis pas sûre d'y arriver.
– Allons, allons, grommelle le Père Noël. Ne t'inquiète pas. Tout va bien se passer !
Clémentine lutine s'assied à côté de lui, et le traîneau s'envole dans le ciel avant de disparaître dans les nuages.

Tout en bas, sept lutins heureux font au revoir de la main.

– On s'est bien débrouillés ! dit Valentin en souriant.
– Elle n'y a vu que du feu, ajoute Florentin.
– Sans tous ces stratagèmes, elle n'aurait jamais osé accompagner le Père Noël dans sa tournée, remarque Céline.
– Le Père Noël a toujours de bonnes idées, affirme Merlin.
– Oui, il avait raison : le seul moyen pour que Clémentine ose partir, c'était qu'elle soit la seule à pouvoir le faire ! continue Colin.
– Allons vite préparer le dîner, concluent en chœur Séraphin et Célestin.
Lorsque le Père Noël et sa nouvelle assistante rentreront, ils seront morts de faim !

Une fois les cadeaux distribués et le traîneau rentré au pôle Nord, huit lutins très heureux et un Père Noël tout joyeux fêtent la première tournée de Clémentine la petite lutine.
La première, mais sûrement pas la dernière ! Tant mieux !